Navigar en la Tormenta Emocional: La Guía Definitiva para Comprender, Afrontar y Transformar la Ira
Desde la identificación de las señales hasta la comunicación efectiva:

Estrategias, Ejercicios y Testimonios para una Vida Libre de Explosiones de Ira y un Bienestar Emocional Renovado

Giacomo Salvati

Introducción: La ira y su lugar en nuestra vida

La ira es una de las emociones fundamentales del ser humano, al igual que la alegría, la tristeza, el miedo y el amor. Todos, en diversas etapas de la vida, experimentamos momentos de ira. Ya sea debido a un contratiempo en el tráfico, una disputa con un colega o una profunda frustración personal, la ira tiene la capacidad de surgir en los momentos más inesperados.

Pero, ¿por qué la ira es tan importante? ¿Por qué no podemos simplemente ignorarla o reprimirla?

La ira, al igual que cualquier emoción, tiene una función. Puede señalarnos que algo no está bien, que se ha violado un derecho nuestro o que nuestras expectativas no se han cumplido. Es una alarma que nos indica que debemos prestar atención, defender nuestras necesidades o buscar un cambio. Sin embargo, cuando no se maneja adecuadamente, la ira puede convertirse en un enemigo silencioso que socava nuestro bienestar, nuestras relaciones y nuestra calidad de vida.

La importancia de manejar la ira no se limita solo a prevenir episodios desagradables o explosiones emocionales. Se trata de comprendernos a nosotros mismos, construir relaciones saludables y vivir una vida equilibrada y satisfactoria. Una ira no gestionada puede llevar a problemas de salud, como la hipertensión y las enfermedades cardíacas, puede deteriorar las relaciones personales y profesionales y puede disminuir nuestra capacidad para disfrutar de las pequeñas alegrías de la vida.

En este libro, nos embarcaremos en un viaje para comprender la naturaleza de la ira, sus causas y cómo puede ser manejada de manera efectiva y constructiva. A través de ejemplos, historias reales, estrategias y técnicas, espero proporcionarles las herramientas necesarias para abordar la ira de manera saludable y convertirla en una fuerza positiva en sus vidas.

La gestión de la ira no implica eliminar esta emoción, sino más bien aprender a expresarla de manera apropiada, escuchar su mensaje y utilizarla como una brújula para dirigir nuestras acciones de manera positiva. Los invito, por lo tanto, a unirse a mí en este viaje de descubrimiento, conciencia y transformación.

Capítulo 1: Introducción a la ira
La ira: una definición La ira es una emoción intensa que todos nosotros hemos experimentado al menos una vez en la vida. Se manifiesta como una respuesta a una percepción de amenaza o injusticia, real o imaginaria, y puede variar en intensidad desde una leve molestia hasta una profunda ira. Es una respuesta natural y, en ciertos contextos, incluso puede considerarse protectora o adaptativa. Pero antes de profundizar en por qué nos enfadamos, definamos con precisión lo que

significa "ira". La ira se puede definir como una reacción emocional intensa que ocurre en respuesta a un evento o situación percibidos como amenazantes o frustrantes. Puede manifestarse a través de varios comportamientos, pensamientos y sensaciones físicas, como enrojecimiento facial, aumento de la frecuencia cardíaca o el deseo de reaccionar física o verbalmente. Orígenes biológicos y psicológicos de la ira Aspectos Biológicos: El ser humano, al igual que muchos otros animales, ha desarrollado mecanismos de defensa para hacer frente a situaciones potencialmente peligrosas. Estos mecanismos están arraigados en nuestra biología. Cuando percibes una amenaza, tu cuerpo responde liberando una serie de hormonas, incluyendo adrenalina y cortisol. Estas hormonas preparan el cuerpo para una respuesta inmediata, a menudo descrita como "luchar o huir". Se trata de una herencia evolutiva que nos ha permitido sobrevivir en entornos hostiles. En respuesta a estas secreciones hormonales, la frecuencia cardíaca puede aumentar, los músculos pueden volverse tensos y la atención puede centrarse en la fuente de la amenaza. Esta es la biología de la ira en acción.

Aspectos Psicológicos: Desde un punto de vista psicológico, la ira a menudo surge de percepciones, pensamientos o creencias relacionadas con la injusticia, la violación de nuestros derechos o la incapacidad para alcanzar un objetivo. Por eso dos personas pueden reaccionar de manera diferente a la misma situación: depende de cómo interpreten y evalúen esa situación. Algunos de nosotros somos más propensos a sentir ira debido a experiencias previas en la vida, traumas o patrones aprendidos durante la infancia. Por ejemplo, si de niño aprendiste que expresar ira es la única forma de llamar la atención o defender tus derechos, es posible que lleves ese patrón de comportamiento a la adultez.

En resumen, la ira es una compleja interacción entre biología y psicología. Comprender ambos aspectos nos ayuda a reconocer la ira cuando aparece y a desarrollar estrategias para manejarla de manera saludable y constructiva. A medida que avancemos en nuestro viaje, exploraremos más a fondo cómo estas dos dimensiones se influyen mutuamente y cómo podemos trabajar en ellas para mejorar nuestra relación con la ira.

Capítulo 2: La importancia de gestionar la ira

Consecuencias de la ira en la salud: no solo una cuestión emocional

Cuando pensamos en la ira, tendemos a enfocarnos en sus manifestaciones inmediatas: gritos, discusiones acaloradas y, en algunos casos, comportamientos agresivos. Sin embargo, el alcance de las repercusiones de la ira va mucho más allá de sus manifestaciones visibles. La ira crónica o no gestionada puede tener profundas implicaciones para nuestra salud física y mental.

Salud Física y la Ira: Una Conexión Preocupante

1. Problemas Cardiovasculares: La ira
    frecuente o intensa puede aumentar el
    riesgo de enfermedades cardíacas. El
    aumento de la frecuencia cardíaca y la
    presión arterial, típicos de las respuestas a
    la ira, pueden, a largo plazo, dañar los
    vasos sanguíneos y el corazón.
2. Sistema Inmunológico Debilitado:
    Episodios repetidos de ira pueden debilitar
    el sistema inmunológico, haciendo que el
    cuerpo sea más vulnerable a infecciones y
    enfermedades.
3. Problemas Digestivos: La ira puede
    interferir con la digestión, lo que lleva a
    síntomas como gastritis o úlceras.
4. Insomnio: La tensión y el estrés asociados
    con la ira pueden afectar la calidad del
    sueño.

Salud Mental: La Sombra Oculta de la Ira

1. Ansiedad y Depresión: La ira crónica
    puede conducir a estados de ansiedad
    prolongados. Si no se maneja, la ira
    también puede llevar a sentimientos de
    impotencia, que están relacionados con la
    depresión.

2. Reducción de la Calidad de las Relaciones: La ira no controlada puede dañar las relaciones con amigos, familiares y colegas, lo que lleva a sentimientos de aislamiento y soledad.

3. Baja Autoestima: Vivir en un estado constante de irritación o frustración puede tener un impacto negativo en la percepción de uno mismo y en la autoestima.

4. Abuso de Sustancias: Algunas personas pueden recurrir al alcohol o las drogas como una forma de manejar o suprimir la ira, lo que puede llevar a adicciones y problemas adicionales de salud mental.

En Conclusión: La Ira Más Allá de la Explosión Momentánea Gestionar la ira no se trata solo de evitar conflictos o episodios de ira; se trata de proteger nuestro bienestar en general. La ira no controlada tiene un alto costo, tanto física como mentalmente. Reconocer la importancia de gestionar la ira y tomar medidas activas hacia una gestión efectiva es el primer paso hacia una vida más saludable y equilibrada. A lo largo de este libro, exploraremos más a fondo cómo hacerlo, proporcionando herramientas y estrategias para una gestión saludable de la ira.

Capítulo 3: Reconocer las señales tempranas

La conciencia antes de la explosión: la importancia de reconocer las señales Uno de los aspectos fundamentales en la gestión de la ira es la capacidad de reconocer las señales tempranas antes de que la ira se apodere de nosotros. Estas señales pueden manifestarse tanto física como emocionalmente. Ser conscientes de ellas nos permite intervenir antes de que la situación explote, haciendo que la gestión de la ira sea más fácil y efectiva.

Identificar las señales del cuerpo: la fisiología de la ira

1. Aumento de la frecuencia cardíaca: Uno de los primeros signos de la llegada de la ira puede ser un latido cardíaco acelerado o palpitante.

2. Tensión muscular: Puedes sentir tensión, especialmente en los hombros, la mandíbula o los puños.
3. Respiración entrecortada: La respiración puede volverse más superficial y rápida.
4. Sudoración: Algunas personas pueden comenzar a sudar, especialmente en las manos o la frente.
5. Sensaciones de calor o frío: Puedes experimentar oleadas de calor o, por el contrario, escalofríos.
6. Malestar estomacal: La ira también puede manifestarse como una sensación de malestar o náuseas.
Señales emocionales de la llegada de la ira: leer las emociones
1. Irritabilidad: Este es a menudo el primer signo. Cosas pequeñas que normalmente no te molestarían pueden empezar a irritarte.
2. Frustración: Sentirse impotente o bloqueado en una situación puede ser un precursor de la ira.

3. Sensación de injusticia: La percepción de que algo no es justo o que tus derechos han sido violados.

4. Ansiedad o sentimientos de pánico: La creciente tensión puede manifestarse como ansiedad.

5. Deseo de reaccionar: Un fuerte impulso interno a responder, que puede manifestarse como el deseo de gritar, lanzar algo o incluso reaccionar físicamente.

En conclusión: prevenir en lugar de curar

El viejo dicho "prevenir es mejor que curar" es especialmente cierto cuando se trata de la ira. Reconocer estas señales tempranas te ofrece una ventana de oportunidad para intervenir, tomarte un momento para calmarte y evaluar la situación de manera racional. A lo largo de este libro, aprenderemos diferentes técnicas y estrategias para hacer precisamente eso, abordando la ira de manera proactiva en lugar de reactiva.

Capítulo 4: Orígenes de la ira

Raíces de la ira: en busca de las causas profundas La ira, al igual que todas las emociones, no surge de la nada. Tiene raíces que se pueden rastrear en diversas experiencias, situaciones o sentimientos internos. Comprender de dónde proviene la ira no solo puede ayudarnos a gestionarla mejor, sino también a prevenirla o reducirla. Veamos algunas de las causas más comunes.

Estrés y frustraciones diarias: la tensión constante

1. Presiones de la vida moderna: Vivimos en un mundo frenético, con muchas demandas y expectativas que nos pesan. Estas presiones pueden acumularse, creando un estado de estrés crónico que facilita el deslizamiento hacia la ira.

2. Obstáculos e imprevistos: Cuando nuestros planes se ven interrumpidos o encontramos obstáculos inesperados, la frustración puede aumentar rápidamente.

3. Conflictos relacionales: Desacuerdos con parejas, familiares, amigos o colegas

pueden alimentar fácilmente sentimientos de ira.

4. Problemas en el trabajo: Desafíos como una carga de trabajo excesiva, conflictos con los compañeros o insatisfacción laboral pueden ser fuentes significativas de estrés y ira.

Experiencias traumáticas o negativas pasadas: la sombra del pasado

1. Abuso o violencia: Las personas que han sufrido abusos físicos, emocionales o sexuales pueden llevar consigo una profunda ira reprimida.

2. Pérdidas y duelo: La pérdida de un ser querido, una relación o una oportunidad puede causar sentimientos de ira, especialmente si la pérdida se percibe como injusta.

3. Experiencias de la infancia: Eventos o circunstancias durante la infancia, como ser víctima de acoso, negligencia o vivir en un entorno familiar inestable, pueden dejar heridas emocionales que se manifiestan como ira en la edad adulta.

4. Traumas acumulados: A veces, no se trata de un solo evento traumático, sino de una serie de pequeños traumas o injusticias acumuladas con el tiempo que alimentan la ira.

En conclusión: introspección y comprensión Las raíces de la ira pueden ser complejas y entrelazadas. Tomarse el tiempo para reflexionar sobre las causas profundas de nuestros sentimientos de ira puede ofrecer valiosas ideas sobre cómo manejarla. Con la comprensión, podemos desarrollar empatía hacia nosotros mismos y estrategias dirigidas para abordar las situaciones y emociones desencadenantes. En los próximos capítulos, exploraremos aún más estos aspectos, proporcionando herramientas y técnicas para abordar las raíces de nuestra ira.

Capítulo 5: Los diferentes tipos de ira Matices de la ira: más allá de simplemente "enojados" La ira no es una emoción monolítica. Tiene diferentes matices e intensidades, y comprender los diferentes tipos de ira puede ayudarnos a gestionarla de manera más efectiva. Cada forma de ira tiene sus propias manifestaciones particulares, causas y posibles soluciones.

1. Ira pasiva: Definición: Esta es una forma sutil de ira que no se expresa abiertamente. La persona puede evitar los conflictos, pero expresa su ira a través de comportamientos pasivo-agresivos. Manifestaciones: Comentarios sarcásticos, retraso crónico, comportamiento hostil en forma de "bromas" o comentarios cáusticos.

2. Ira explosiva: Definición: Esta forma de ira es repentina e intensa, a menudo en respuesta a una provocación. Puede manifestarse como una explosión de furia. Manifestaciones: Gritos, rompimiento de objetos, agresión física.

3. Ira reprimida: Definición: La ira reprimida es cuando los sentimientos de ira se

mantienen dentro y no se expresan, acumulándose con el tiempo. Manifestaciones: Tensión crónica, irritabilidad, sensación de estar "a punto de explotar", problemas de salud como dolores de cabeza o hipertensión.

4. Ira resentida: Definición: Surge de un sentido de injusticia o de viejas heridas y rencores que no se han resuelto. Manifestaciones: Rumiar sobre agravios pasados, dificultad para perdonar, comportamiento vengativo.

5. Ira constructiva: Definición: Esta forma de ira se utiliza como catalizador para el cambio positivo. Es un estado de ira controlada dirigido hacia la resolución de problemas. Manifestaciones: Abogacía, lucha por la justicia, compromiso en causas sociales.

6. Ira crónica: Definición: Se trata de un estado persistente de irritabilidad, que puede no estar relacionado con una causa específica. Las personas con ira crónica a menudo están enojadas la mayor parte del tiempo. Manifestaciones: Irritabilidad

constante, pesimismo, tendencia a ver lo peor en las situaciones.

En conclusión: personalizar la gestión de la ira Identificar el tipo específico de ira que estás experimentando puede proporcionar información valiosa sobre cómo abordarla. No todas las estrategias funcionan para todos los tipos de ira, por lo que comprender tu matiz de ira puede ayudarte a elegir el enfoque más efectivo. En los próximos capítulos, proporcionaremos herramientas y técnicas que se pueden personalizar según el tipo de ira que estás enfrentando.

Capítulo 6: Autoconciencia emocional

En el corazón de las emociones: el arte de conocerse a sí mismo La autoconciencia emocional no es solo la capacidad de reconocer cuándo estás enojado, sino también entender por qué y cómo interactúan las emociones entre sí. Este capítulo explorará cómo aprender a escuchar y interpretar tus propias emociones, y también proporcionará ejercicios para desarrollar una mayor conciencia.

Explorar tus propias emociones: el viaje interior

1. El lenguaje de las emociones: Cada emoción tiene un mensaje. Por ejemplo, la ira podría indicar que has experimentado una injusticia, mientras que la tristeza podría sugerir una pérdida.

2. La interconexión emocional: Rara vez experimentamos una sola emoción a la vez. La ira podría estar acompañada de decepción, dolor o vergüenza.

3. Escuchar sin juzgar: Explorar las emociones sin juzgarlas permite comprender realmente de dónde provienen.

Ejercicios para desarrollar la conciencia: prácticas diarias

1. Diario de emociones: Dedica unos minutos cada día a escribir cómo te sientes. Esto puede ayudarte a reconocer patrones o desencadenantes recurrentes.

2. Meditación: La práctica de la meditación puede ayudarte a volverte más consciente

de tus emociones y pensamientos, ofreciendo un momento de introspección.

3. Verificación emocional: Durante el día, detente por un momento y pregúntate: "¿Cómo me siento en este momento?" Esto puede ayudarte a desarrollar el hábito de reconocer y nombrar tus emociones.

4. Diálogo contigo mismo: Cuando te sientas particularmente emocional, intenta hacerte una pregunta a ti mismo, como "¿Por qué me siento así?" o "¿Qué desencadenó esta emoción?".

5. Arte y creatividad: Expresarte a través del arte, la escritura o la música puede ser una forma poderosa de explorar y comprender tus emociones.

En conclusión: la conciencia como brújula

La autoconciencia emocional es como una brújula interna. Cuando realmente comprendemos nuestras emociones, podemos navegar por la vida con mayor intencionalidad y propósito. Al desarrollar una relación más profunda con tus emociones, estás mejor equipado para abordar, gestionar y transformar la ira de manera constructiva. En los próximos capítulos, exploraremos herramientas y estrategias específicas para manejar la ira basadas en esta conciencia emocional fundamental.

Capítulo 7: Técnicas de respiración y relajación

Respirar con intención: la clave para un corazón tranquilo El poder de la respiración en la gestión de la ira no puede subestimarse. El simple acto de respirar conscientemente puede actuar como un interruptor, transformando un momento de intensa ira en una pausa para la reflexión. Este capítulo presentará varias técnicas de respiración y relajación, junto con ejercicios prácticos.

El vínculo entre la respiración y la ira Cuando estamos enojados, nuestra respiración se vuelve más rápida y superficial, y el cuerpo se prepara para la acción. Tomar el control de nuestra respiración puede ayudarnos a devolver al cuerpo a un estado de calma, creando espacio para reaccionar con mayor claridad y conciencia.

Ejercicios de respiración

1. Respiración profunda:
   - Siéntate o acuéstate en una posición cómoda.
   - Inhala lentamente por la nariz, sintiendo que el diafragma y el estómago se expanden.
   - Mantén una breve pausa.
   - Exhala lentamente por la boca, liberando completamente el aire.
   - Repite durante 3-5 minutos.
2. Conteo de respiración:
   - Inhala lentamente contando hasta cuatro.
   - Sostén la respiración durante una cuenta de cuatro.
   - Exhala lentamente contando hasta cuatro.
   - Repite durante 3-5 minutos.
3. Respiración abdominal:
   - Coloca una mano en el pecho y la otra en el estómago.

- Inhala profundamente desde el diafragma, sintiendo solo que el estómago se levanta.
- Exhala lentamente, sintiendo que el estómago se contrae.
- Repite durante 3-5 minutos.

Técnicas de relajación

1. Relajación muscular progresiva:
   - Comienza desde los pies y avanza hacia la cabeza, tensando y luego relajando cada grupo muscular durante 5-10 segundos.
   - Concéntrate en la sensación de relajación que sigue a la tensión.
2. Visualización positiva:
   - Cierra los ojos e imagina un lugar o situación que te haga sentir tranquilo y feliz.
   - Sumérgete en esta imagen, notando los colores, sonidos y sensaciones.
3. Escucha consciente:
   - Pon música relajante o sonidos de la naturaleza.

- Concéntrate en el sonido, llevando tu atención de vuelta cada vez que la mente divague.

En conclusión: un respiro a la vez En momentos de intensa ira, la respiración y las técnicas de relajación pueden ser tus aliados más poderosos. Practicándolos regularmente, se convierten en herramientas que puedes utilizar automáticamente cuando te enfrentes a situaciones estresantes. En el próximo capítulo, profundizaremos en cómo comunicarnos de manera efectiva, construyendo sobre la base de calma y claridad creada a través de estas técnicas.

Capítulo 8: Comunicación efectiva Hablar desde el corazón: el arte de la Comunicación No Violenta La comunicación efectiva va más allá de las palabras que elegimos; también se trata del tono, el lenguaje corporal y la intención. Cuando se trata de expresar ira o frustración, la capacidad de comunicarse de manera no agresiva se vuelve crucial. Este capítulo explora cómo expresar nuestras emociones de manera constructiva y respetuosa, protegiendo las relaciones y fomentando la comprensión mutua.

La ira y la comunicación La ira, cuando se expresa de manera agresiva o pasiva, puede erosionar la confianza y dañar las relaciones. En cambio, si se canaliza a través de una comunicación efectiva, puede convertirse en un catalizador para el cambio y el crecimiento.

Principios de la Comunicación No Violenta

1. Observación sin juicio: Evita etiquetar o juzgar. Simplemente expresa lo que has observado.

2. Expresar sentimientos: Comunica cómo te sientes acerca de lo que has observado sin atribuir culpa.

3. Expresar necesidades: Comparte las necesidades o deseos que están en la base de tus sentimientos.

4. Hacer peticiones claras: Indica lo que te gustaría que sucediera de manera clara y positiva.

Estrategias para la comunicación efectiva

1. Escucha activa: Concéntrate por completo en la otra persona cuando hable, evitando interrumpir o formular respuestas mentalmente.
2. "Yo" en lugar de "Tú": Comienza las frases con "Yo siento" o "Yo pienso" en lugar de señalar con el dedo y decir "Tú siempre" o "Tú nunca".
3. Pide aclaraciones: Si no estás seguro de haber entendido, pide a la otra persona que repita o explique mejor.
4. Evita la escalada: Si la conversación se vuelve demasiado tensa, toma un descanso y vuelve cuando ambos estén más tranquilos.
5. Practica la empatía: Trata de ponerte en el lugar de la otra persona, tratando de entender sus sentimientos y perspectivas. Ejercicios para la comunicación efectiva
1. Role-play: Practica con un amigo o familiar, asumiendo el papel de alguien que expresa una preocupación y alguien que escucha, y luego invierte los roles.
2. Escritura de diario: Escribe una situación en la que te hayas sentido enojado y luego

réescribela expresando tus sentimientos y necesidades de manera constructiva.

3. Retroalimentación: Después de una discusión con alguien, solicita retroalimentación sobre cómo te comunicaste. Esto puede ayudarte a reconocer áreas de mejora.

En conclusión: palabras como puentes Las palabras tienen el poder de construir puentes o crear barreras. La clave es aprender a comunicarse de manera que las palabras acerquen a las personas, incluso cuando el tema es difícil o cargado de emociones. En el próximo capítulo, exploraremos cómo utilizar estas habilidades de comunicación en la resolución de conflictos, creando soluciones que respeten las necesidades de todas las partes involucradas.

Capítulo 9: Resolución de conflictos

De la tensión a la comprensión: caminos hacia la paz Los conflictos son una parte inevitable de la vida. Lo que determina la salud de nuestras relaciones y nuestra paz interior no es la ausencia de conflictos, sino nuestra capacidad para manejarlos y resolverlos de manera constructiva. En este capítulo, exploraremos estrategias prácticas para abordar y resolver conflictos de manera que conduzcan a una mayor comprensión y colaboración.

La perspectiva del conflicto El conflicto no es intrínsecamente negativo. Puede servir como una señal de que algo debe cambiar, o que hay necesidades y deseos no expresados o insatisfechos. La clave es abordarlo de manera proactiva y constructiva.

Estrategias para la resolución de conflictos

1. Escucha efectiva: Asegúrate de comprender verdaderamente el punto de vista del otro antes de responder. Esto puede ayudar a prevenir malentendidos y construir confianza.

2. Evita la culpabilización: Señalar con el dedo o atribuir culpas puede hacer que la otra persona se sienta a la defensiva. En lugar de eso, concéntrate en las acciones y las soluciones.

3. Encuentra terreno común: Buscar áreas de acuerdo puede crear una base sobre la cual construir una solución conjunta.

4. Usa la "técnica del sándwich": Comienza con una retroalimentación positiva, sigue con tu punto de preocupación o desacuerdo y cierra con otro comentario positivo.

5. Sé flexible: A veces, la mejor solución puede requerir un compromiso. Estar abierto al cambio puede ayudar a encontrar una solución que funcione para todos.

6. Usa la técnica "detén y aclara": Si te das cuenta de que la conversación se desvía o se vuelve demasiado emocional, toma un descanso y vuelve cuando ambas partes estén más tranquilas.

7. Pon todo en perspectiva: Considera la importancia del problema en el contexto más amplio de la relación o la situación. Ejercicios para la resolución de conflictos

1. Escenarios hipotéticos: Considera diferentes situaciones de conflicto y reflexiona sobre cómo podrías responder utilizando las estrategias mencionadas anteriormente.

2. Análisis post-conflicto: Después de un desacuerdo o conflicto, tómate un momento para reflexionar sobre lo que salió bien, lo que podrías haber hecho de manera diferente y lo que has aprendido.

3. Juegos de roles: Practica con un compañero en escenarios de conflicto, probando diferentes estrategias para ver cuáles funcionan mejor para ti.

En conclusión: encontrar el camino hacia la paz Cada conflicto ofrece una oportunidad: la oportunidad de crecer, de comprender mejor a los demás y a nosotros mismos, y de construir relaciones más sólidas y resistentes. Con las estrategias adecuadas y un enfoque abierto y colaborativo, podemos transformar los momentos de desacuerdo en puentes hacia una mayor conexión y comprensión. En el próximo capítulo, exploraremos cómo manejar y canalizar la ira en varios contextos de relaciones interpersonales.

Capítulo 10: La ira en las relaciones interpersonales

Navegar por aguas turbulentas: mantener la calma en las relaciones La ira, cuando se expresa de manera no saludable, puede dañar gravemente nuestras relaciones. Ya sea en una relación familiar, romántica o profesional, la gestión efectiva de la ira es crucial para mantener lazos sólidos y saludables. Este capítulo explora cómo manejar la ira en varios contextos relacionales y ofrece estrategias específicas para cada tipo de relación.

La ira en las diferentes relaciones: una visión general

- Relaciones familiares: aquí, las emociones tienden a ser más profundas y complejas debido a la historia compartida y los lazos de sangre.

- Relaciones románticas: la ira en este contexto puede ser amplificada por expectativas no cumplidas y vulnerabilidad emocional.

- Relaciones profesionales: en estas relaciones, es esencial mantener un equilibrio entre una expresión saludable y la profesionalidad.

Estrategias para manejar la ira en las relaciones familiares

1. Tiempo de calidad: dedicar tiempo regularmente para reconectar y resolver pequeños problemas antes de que se conviertan en grandes.
2. Establecer límites: discutir claramente lo que es aceptable y lo que no lo es.
3. Terapia familiar: considerar buscar apoyo externo si hay problemas persistentes.

Estrategias para manejar la ira en las relaciones románticas

1. Comunicación abierta: compartir regularmente sentimientos y preocupaciones, asegurándote de que ambos sean escuchados.
2. Crear espacios seguros: momentos en los que ambos pueden expresarse sin miedo a juicios o represalias.
3. Consejería de pareja: un recurso valioso cuando hay desafíos recurrentes en la relación.

Estrategias para manejar la ira en las relaciones profesionales

1. Pausa y reflexión: tómate un momento para calmarte antes de responder a una situación estresante.

2. Retroalimentación constructiva: si tienes problemas con un colega, expresa tus preocupaciones de manera constructiva y orientada a la solución.

3. Meditación o técnicas de relajación: úsalas para manejar el estrés y prevenir la acumulación de ira.

Ejercicios para la gestión de la ira en las relaciones

1. Diario relacional: registra situaciones en las que hayas experimentado ira en una relación y reflexiona sobre cómo manejaste la situación y cómo podrías haberlo hecho mejor.

2. Juegos de roles: simula situaciones de conflicto con un amigo o terapeuta y practica la gestión de la ira y la resolución de conflictos.

En conclusión: construir puentes, no barreras Recuerda que cada relación tiene sus momentos de tensión y desacuerdo. Lo que importa es cómo enfrentamos estos desafíos y cómo trabajamos juntos para construir comprensión y confianza. Con las estrategias adecuadas y un compromiso genuino, podemos navegar a través de la ira y fortalecer nuestras relaciones en el proceso. En el próximo capítulo, exploraremos estrategias inmediatas para abordar la ira en el momento en que se manifiesta.

Capítulo 11: Estrategias para el control inmediato
Cuando llega la tormenta: guía práctica para navegar la ira Todos hemos experimentado momentos en los que la ira parece apoderarse. En tales momentos, puede parecer imposible mantener el control. Sin embargo, con las técnicas adecuadas y una preparación adecuada, podemos abordar y manejar estos episodios de manera constructiva. Este capítulo proporcionará técnicas inmediatas para aplicar cuando la ira estalla.

Comprender la ira instantánea La ira instantánea suele ser una reacción instintiva a una percepción de amenaza o injusticia. Si bien puede servir como un mecanismo de defensa, también puede llevar a decisiones impulsivas y perjudiciales.

Técnicas para el control inmediato

1. Contar hasta diez: esta técnica clásica le da a tu cerebro el tiempo necesario para calmarse y evaluar la situación antes de reaccionar.

2. Respiración profunda: al centrarte en tu respiración, puedes reducir la frecuencia cardíaca y calmar el sistema nervioso.

3. Tiempo fuera: si sientes que tu ira está a punto de estallar, aléjate de la situación y date tiempo para calmarte.

4. Enfoque: concéntrate en un objeto o imagen pacífica, como una foto de un ser querido o un lugar relajante.

5. Cambio de perspectiva: pregúntate cuán importante será esta situación en un día, una semana o un año. Esto puede ayudarte a poner las cosas en perspectiva.

6. Sustitución de pensamientos negativos: en lugar de centrarte en lo que te enojó, piensa en algo positivo o relajante.

7. Usar afirmaciones positivas: repite frases como "Puedo manejar esta situación" o "Estoy tomando el control de mis sentimientos".

Herramientas para tener a mano

1. Aplicación de meditación: muchos teléfonos inteligentes tienen aplicaciones que ofrecen sesiones cortas de meditación guiada, útiles en momentos de estrés intenso.

2. Música: tener una lista de reproducción de canciones relajantes o inspiradoras puede ser una excelente manera de distraer la atención de la ira.

3. Bloc de notas o aplicaciones de escritura: escribir lo que sientes puede ayudarte a procesar tu ira y verla desde una perspectiva diferente.

En conclusión: la ira no tiene el control, tú lo tienes La clave para manejar la ira instantánea es la preparación.

Conociéndote a ti mismo y teniendo las técnicas y herramientas adecuadas a tu disposición, puedes enfrentar y superar incluso los episodios de ira más intensos. En el próximo capítulo, exploraremos cómo las creencias limitantes pueden influir en nuestra percepción y manejo de la ira.

Capítulo 12: Reconociendo las creencias limitantes
Las cadenas invisibles: cómo nuestras creencias moldean nuestra reacción a la ira Cada uno de nosotros lleva consigo un conjunto de creencias adquiridas a lo largo de la vida. Estas creencias, a menudo arraigadas en la infancia o en experiencias pasadas, pueden influir profundamente en cómo percibimos y reaccionamos ante los eventos de la vida, incluyendo cómo gestionamos la ira. Mientras que algunas de estas creencias pueden ser útiles, otras pueden limitarnos. Este capítulo explorará cómo reconocer y superar estas creencias limitantes.

El poder de las creencias Las creencias son como lentes a través de las cuales vemos el mundo. Pueden influir en nuestro comportamiento, nuestras reacciones emocionales e incluso nuestra autoestima. Identificación de creencias limitantes Algunas creencias comunes que pueden influir en la gestión de la ira incluyen:

1. "No tengo derecho a enojarme". Esta creencia puede llevar a reprimir la ira hasta que explote de manera incontrolable.

2. "Si muestro mi ira, los demás me rechazarán". Esto puede llevar a evitar conflictos a toda costa, incluso a expensas de nuestras propias necesidades.

3. "La ira es una debilidad". Esta visión puede evitar que enfrentemos y gestionemos la ira de manera saludable.

Superar las creencias limitantes

1. Reflexión y conciencia: Reconocer que una creencia existe es el primer paso para cambiarla.

2. Cuestiona tus creencias: Pregúntate si tu creencia es realmente precisa y si aún te sirve.

3. Reescribe tu historia: Sustituye creencias limitantes por afirmaciones positivas que te apoyen.
4. Terapia y coaching: Un profesional puede ayudarte a identificar y trabajar en creencias arraigadas.
5. Rodearte de apoyo: Tener amigos o familiares que te animen puede hacer una gran diferencia.
Ejercicios para trabajar en creencias limitantes
1. Diario de creencias: Escribe tus creencias en un cuaderno y evalúa cómo afectan tu comportamiento y emociones.
2. "Desafía la creencia": Cada vez que reconozcas una creencia limitante, escribe un contraargumento o un ejemplo que demuestre lo contrario.
En conclusión: liberando la mente, liberando el alma Las creencias limitantes pueden actuar como cadenas invisibles, reteniéndonos y evitándonos vivir nuestra vida al máximo. Reconocer y enfrentar estas creencias es fundamental para una gestión saludable de la ira y una vida más

satisfactoria. En el próximo capítulo, discutiremos la importancia del perdón y la aceptación en el proceso de gestión de la ira.

Capítulo 13: Perdón y aceptación

El puente hacia la paz interior: el arte de perdonar y aceptar El perdón no es solo un gesto hacia los demás, sino también un regalo que nos hacemos a nosotros mismos. A través del perdón y la aceptación, podemos liberarnos del peso de las ofensas pasadas y de los sentimientos negativos que nos retienen, permitiéndonos vivir con mayor serenidad. Este capítulo explorará la importancia del perdón y ofrecerá ejercicios prácticos para cultivarlo en nuestras vidas.

Por qué es importante perdonar

1. Liberación emocional: El rencor y la ira reprimida pueden convertirse en una carga. El perdón nos libera de estas cadenas emocionales.

2. Bienestar físico: Numerosos estudios han demostrado que el perdón puede reducir el

estrés, disminuir la presión arterial y mejorar la salud en general.

3. Crecimiento personal: El perdón nos permite aprender de nuestras experiencias, desarrollar empatía y madurar como individuos.

4. Reconciliación: Aunque el perdón no necesariamente implica reconciliarse con quienes nos han lastimado, puede abrir la puerta al diálogo y la comprensión. Aceptando lo que no puede cambiarse La aceptación no significa aprobación. Significa reconocer la realidad de una situación y decidir no permitir que ella controle o defina nuestras vidas. Ejercicios prácticos para el perdón y la aceptación

1. Meditación del perdón: Dedica unos minutos al día a meditar sobre el concepto del perdón. Visualiza a la persona o situación que te ha causado dolor y imagina liberar ese peso.

2. Escribe una carta: Escribe una carta a la persona que te ha herido. No es necesario enviarla, pero el proceso de escritura puede ayudarte a procesar tus sentimientos.

3. Diálogo interno: Cuando sientas rencor o ira, habla contigo mismo. Pregúntate por qué te sientes así y qué puedes hacer para liberar esos sentimientos.

4. Practica la gratitud: Concéntrate en lo positivo de tu vida. Llevar un diario de gratitud puede ayudarte a enfocarte en las cosas buenas y dejar ir lo negativo.

5. Busca ayuda: Si te resulta difícil perdonar, considera consultar a un terapeuta o consejero para que te guíe en el proceso. En conclusión: el viaje del corazón El perdón y la aceptación son pasos esenciales en el camino hacia una vida más pacífica y armoniosa. Aunque puede ser difícil, los beneficios para nuestra salud mental, física y emocional son inmensos. En el próximo capítulo, exploraremos el poder del mindfulness como herramienta para prevenir y gestionar la ira.

Capítulo 15: Mindfulness

La Calma en el Corazón de la Tormenta: Mindfulness y la Gestión de la Ira La atención plena, o práctica de la conciencia plena, tiene sus raíces en antiguas tradiciones meditativas, pero en los últimos años se ha vuelto cada vez más popular como una herramienta terapéutica y de crecimiento personal. Este capítulo explorará cómo la atención plena puede ofrecer un poderoso remedio contra la ira, ayudándonos a responder a los desafíos de la vida con equilibrio y serenidad en lugar de reaccionar impulsivamente.

¿Qué es la atención plena? La atención plena es la habilidad de estar completamente presente, consciente de dónde estamos y qué estamos haciendo, sin reaccionar excesivamente o sentirnos abrumados por lo que está sucediendo a nuestro alrededor.

Mindfulness y la Ira: La Conexión

1. Observación sin Juicio: La atención plena nos enseña a acoger nuestros

pensamientos y sentimientos sin juzgar. Cuando experimentamos ira, podemos observarla sin identificarnos con ella o actuar impulsivamente sobre ella.

2. Interrumpir el Ciclo: Practicando la conciencia plena, podemos reconocer cuándo estamos a punto de reaccionar con ira y elegir una respuesta más reflexiva.

3. Reconocer los Desencadenantes: La atención plena nos ayuda a ser más consciente de las situaciones, pensamientos o sentimientos que desencadenan nuestra ira.

Ejercicios de Atención Plena para la Ira

1. Meditación de Exploración Corporal: Esta práctica nos invita a prestar atención a diferentes partes de nuestro cuerpo, reconociendo tensiones y liberándolas.

2. Respiración Consciente: Centrarse en la respiración puede ayudarnos a calmar la mente y centrarnos, especialmente cuando sentimos que la ira está aumentando.

3. Meditación Caminando: Al caminar lentamente y de manera deliberada, podemos anclarnos en el momento

presente y alejarnos de la fuente de nuestra ira.

4. Ejercicio de Reconocimiento: Cuando sientas ira, tómate un momento para reconocerla: "Siento ira". Este simple acto de reconocimiento puede interrumpir el ciclo de reacción impulsiva.

Mindfulness en la Vida Cotidiana Incorporar la atención plena en tu rutina diaria no significa que debas meditar durante horas todos los días. Puede ser tan simple como tomarte unos momentos para respirar profundamente durante el día o hacer una pausa para notar cómo te sientes física y emocionalmente.

En Conclusión: La Serenidad en la Tormenta La atención plena ofrece un refugio de calma y conciencia en medio de las tormentas emocionales de la vida. A través de la práctica regular, podemos desarrollar la capacidad de gestionar la ira que está arraigada en la amabilidad hacia nosotros mismos y hacia los demás. En el próximo capítulo, exploraremos cuándo y cómo buscar apoyo profesional para la gestión de la ira.

Capítulo 16: Terapia y Apoyo Profesional

Un Puente hacia el Equilibrio: Buscar Ayuda Profesional en la Gestión de la Ira Si bien muchas personas encuentran alivio y estrategias efectivas a través de la autoayuda y el crecimiento personal, hay momentos en los que la ira se vuelve abrumadora o perjudicial. En tales situaciones, buscar ayuda profesional puede ser clave para restablecer el equilibrio y encontrar soluciones duraderas.

¿Cuándo buscar Ayuda Profesional?

1. Ira Incontrolable: Cuando la ira se vuelve demasiado intensa o frecuente y afecta negativamente tu vida diaria.

2. Daño a Uno Mismo o a Otros: Cuando la ira conduce a comportamientos violentos o autodestructivos.

3. Problemas Relacionales: Si la ira está causando problemas en tus relaciones personales o profesionales.

4. Involucramiento Legal: Situaciones en las que la ira ha llevado a problemas legales, como agresiones o daños a la propiedad.
Los Beneficios de la Terapia

1. Entorno Seguro: Un terapeuta proporciona un entorno neutral y confidencial donde puedes expresar y explorar tu ira.

2. Comprensión Profunda: Con la ayuda de un profesional, puedes profundizar en las causas subyacentes de tu ira.

3. Herramientas y Estrategias: Los terapeutas pueden proporcionar herramientas y técnicas específicas para gestionar y canalizar la ira de manera saludable.

4. Apoyo Continuo: La terapia ofrece un apoyo regular para ayudarte a mantenerte en el camino correcto en tu viaje de gestión de la ira.
Tipos de Terapias para la Ira

1. Terapia Cognitivo-Conductual (TCC): Este enfoque se centra en el reconocimiento y la modificación de los pensamientos y comportamientos negativos.

2. Terapia Interpersonal: Se enfoca en mejorar las habilidades de comunicación y resolver problemas en las relaciones.

3. Grupos de Apoyo: Grupos de personas que comparten desafíos similares pueden ofrecer comprensión, consejos y apoyo mutuo.

4. Terapias Mente-Cuerpo: Enfoques como la biofeedback o la meditación que conectan la mente y el cuerpo para gestionar las reacciones emocionales.

Cómo Encontrar al Terapeuta Adecuado

1. Solicita Referencias: Los médicos, amigos o colegas pueden tener recomendaciones.

2. Evaluación Inicial: Muchos terapeutas ofrecen sesiones iniciales para determinar si son adecuados para tus necesidades.

3. Experiencia y Especialización: Busca un profesional especializado en la gestión de la ira u otros problemas similares.

4. Sigue tu Instinto: Es importante sentirte cómodo y confiado con el terapeuta que elijas.

En Conclusión: La Ayuda Externa como Puente hacia la Armonía Mientras que la autoadministración y las estrategias personales son esenciales, a veces necesitamos un anclaje externo para ayudarnos a navegar a través de las tormentas emocionales. La terapia y el apoyo profesional pueden ser esa brújula que nos guía hacia aguas más tranquilas. En el próximo capítulo, discutiremos estrategias preventivas para evitar los estallidos de ira.

Capítulo 17: Prevención de la Ira
La Anticipación como Clave: Reducción de la Frecuencia e Intensidad de la Ira Si la gestión de la ira es el primer paso para mantener el equilibrio emocional, la prevención es la estrategia sabia para minimizar las circunstancias en las que esta gestión se vuelve necesaria. A través de la comprensión y la aplicación de estrategias preventivas, podemos reducir la

frecuencia y la intensidad de los momentos de ira en nuestras vidas.

Estrategias Preventivas: La Base

1. Autoconocimiento: Comprender tus "disparadores" o causas desencadenantes es esencial. Reconocer las situaciones o personas que tienden a provocar tu ira puede ayudarte a evitarlas o prepararte para enfrentar esas situaciones.

2. Manejo del Estrés: El estrés es una causa principal de la ira. Encuentra técnicas de relajación, como la meditación o el yoga, que te ayuden a manejar el estrés cotidiano.

3. Mantén un Equilibrio en tu Vida: Asegúrate de tener tiempo para ti mismo, para las actividades que amas y para descansar. Un cuerpo y una mente bien descansados son menos propensos a reacciones de ira.

4. Expresión Positiva: Encuentra formas saludables de expresar tus emociones, como escribir, dibujar o hablar con un amigo de confianza.

5. Entrenamiento Cognitivo: Aprende a reconocer y desafiar los pensamientos negativos o distorsionados que pueden alimentar la ira.

Creación de un Ambiente Positivo

1. Rodéate de Positividad: Cerciórate de estar rodeado de personas y situaciones que eleven tu espíritu y te brinden una perspectiva positiva sobre la vida.

2. Establece Límites: Aprende a decir "no" y establecer límites que te ayuden a evitar situaciones estresantes o conflictivas.

3. Evita el Aislamiento: Comparte tus preocupaciones o frustraciones con otros. A veces, hablar de ellas puede aliviar la tensión y prevenir la acumulación de ira.

Nutrición y Salud Física

1. Dieta Equilibrada: Comer alimentos saludables y equilibrados puede influir en tu estado de ánimo y en tu capacidad para manejar el estrés.

2. Ejercicio Físico: La actividad física ayuda a liberar la tensión y produce endorfinas, que son sustancias químicas naturales que promueven la felicidad.

3. Evita Estimulantes y Depresores: El alcohol, la cafeína y algunas drogas pueden alterar tu estado de ánimo y tu capacidad para manejar la ira.

Conclusión: La Prevención como un Estilo de Vida Prevenir la ira no significa eliminar todas las fuentes potenciales de frustración de tu vida. En cambio, significa desarrollar una mentalidad y hábitos que te permitan enfrentar la vida con una perspectiva más equilibrada y pacífica. En el próximo capítulo, nos sumergiremos en las historias de aquellos que han transformado su ira en algo positivo.

Capítulo 18: Historias de Éxito

El Poder de la Transformación La ira, si no se controla, puede causar un daño significativo en nuestras vidas y en nuestras relaciones con los demás. Sin embargo, con el enfoque adecuado y las estrategias adecuadas, es posible convertirla en un poderoso catalizador para el cambio y el crecimiento personal. En este capítulo, compartiremos algunas historias inspiradoras de individuos que lograron transformar su ira en algo constructivo y positivo.

1. Marco: De Boxeador a Mediador Marco era conocido por su naturaleza explosiva. En una ocasión, durante una discusión con un colega, lanzó un puñetazo que le costó su trabajo y una denuncia. En lugar de hundirse aún más en la ira, Marco decidió buscar ayuda. Gracias a la terapia y las técnicas de meditación, no solo logró controlar su ira, sino que también utilizó su habilidad para comprender los conflictos y se convirtió en un mediador profesional.

2. Giulia: Transformando la Ira en Arte Después de una dolorosa ruptura, Giulia se encontró abrumada por la ira y la frustración. En lugar de permitir que estos sentimientos la consumieran, decidió canalizarlos a través de la pintura. Con el tiempo, sus lienzos se convirtieron en la expresión de sus emociones, transformando su ira en hermosas obras de arte que conmovieron a quienes las observaron.

3. Andrea: El Atleta Exitoso Andrea creció en un barrio difícil donde la ira y la violencia eran la norma. Para él, la solución fue el baloncesto. En lugar de desahogar su ira en las calles, se dedicó por completo al deporte. Cada vez que sentía que la ira aumentaba, la liberaba en la cancha. Esta determinación lo llevó a obtener una beca universitaria y, más tarde, a convertirse en un jugador profesional.

4. Elisa: La Ira como Motivación Después de ser despedida injustamente, Elisa se sintió enojada y traicionada. En lugar de dejarse abatir, utilizó esa ira como combustible para iniciar su propio negocio. Ahora dirige una de las empresas más grandes en su industria, proporcionando empleo a muchas personas y demostrando que con la mentalidad correcta, la ira puede ser un poderoso motor de éxito.

Conclusión: La Ira como Oportunidad Las historias de Marco, Giulia, Andrea y Elisa son solo algunas de las muchas testimonios de personas que han sabido convertir la ira de un enemigo en un aliado. Cada historia es única, pero todas comparten una lección fundamental: con determinación, apoyo y las estrategias adecuadas, la ira puede convertirse en una oportunidad para crecer y lograr éxitos inesperados. En el próximo capítulo, proporcionaremos ejercicios prácticos para ayudarte a poner en práctica lo aprendido.

Capítulo 19: Ejercicios Prácticos

La Teoría en Acción Comprender la ira y sus dinámicas es fundamental, pero poner en práctica lo que hemos aprendido es el verdadero paso hacia la transformación.

En este capítulo, proporcionaremos una serie de ejercicios prácticos para ayudarte a manejar, expresar y transformar tu ira de manera constructiva.

1. Registro de la Ira Objetivo: Aumentar la conciencia de las situaciones que desencadenan la ira.
    - Toma un cuaderno y anota cada vez que te sientas enojado.
    - Escribe la situación, la hora del día, lo que desencadenó tu ira y cómo te sentiste.
    - Después de una semana, revisa tus notas. Busca patrones o temas recurrentes.
2. Respiración Cuadrada Objetivo: Calmar el sistema nervioso y reducir la ira inmediata.
    - Encuentra un lugar tranquilo.
    - Respira lentamente contando hasta 4.
    - Sostén la respiración contando hasta 4.
    - Exhala lentamente contando hasta 4.
    - Repite durante al menos 5 minutos.
3. Reescribiendo la Historia Objetivo: Cambiar la perspectiva de eventos pasados que causan ira.
    - Piensa en un evento del pasado que todavía te haga enojar.

- Escribe la historia tal como la recuerdas.
- Ahora, intenta reescribirla desde una perspectiva diferente o imaginando un resultado positivo.

4. Diálogo con la Ira Objetivo: Comprender mejor el origen de tu ira.
   - Imagina que tu ira es una persona sentada frente a ti.
   - Haz preguntas a tu ira. Pregunta por qué está presente y qué busca.
   - Escucha las respuestas. Puedes descubrir información valiosa sobre tus emociones ocultas.

5. Entrenamiento en Retroalimentación Objetivo: Expresar sentimientos de ira de manera constructiva.
   - Con un amigo o familiar, practica compartir retroalimentación utilizando la fórmula "Cuando tú... me siento... porque...".
   - Este método permite expresar la ira sin culpar a la otra persona.

6. Meditación de Comprensión Objetivo:
   Desarrollar empatía y reducir la ira hacia
   los demás.
   - Siéntate cómodamente y cierra los
     ojos.
   - Piensa en una persona que te haya
     hecho enojar recientemente.
   - Imagina ver el mundo a través de sus
     ojos, incluyendo sus estrés y desafíos.
   - Abre tu corazón a la comprensión y la
     empatía.

Conclusión: La práctica hace al maestro.
Continúa ejercitándote con estas
actividades, adaptándolas a tus
necesidades. Con el tiempo, notarás una
disminución en los episodios de ira y una
mayor capacidad para manejar las
situaciones de manera constructiva. En el
próximo capítulo, discutiremos cómo
diseñar un camino de crecimiento continuo
hacia una vida sin ira.

Capítulo 20: El Camino hacia una Vida Sin Ira

La Transformación Continua La gestión de la ira no es un logro que se alcanza de una vez por todas. En cambio, es un proceso continuo de crecimiento y aprendizaje. Sin embargo, con las herramientas adecuadas y una visión clara, puedes construir una vida en la que la ira no domine tus reacciones, sino que sirva como una señal para una mayor comprensión de ti mismo.

1. Visión y Valores Objetivo: Define una visión clara de la vida que deseas, donde la ira se gestiona de manera saludable.

    - Escribe una declaración de visión para ti mismo en la que imagines tu vida sin la sombra constante de la ira.
    - Enumera los valores fundamentales que deseas honrar en tu vida, como el respeto, la paciencia o la comprensión.

2. Planificación Proactiva Objetivo: Anticipa y previene situaciones que podrían desencadenar la ira.

- Toma nota de las situaciones que, como has aprendido, tienden a desencadenar tu ira.
- Piensa en formas proactivas de abordar estas situaciones en el futuro, como evitar estímulos específicos o preparar respuestas calmadas de antemano.

3. Red de Apoyo Objetivo: Rodéate de personas que te apoyen en tu viaje de gestión de la ira.

- Identifica amigos, familiares o profesionales que puedan ayudarte cuando te sientas abrumado.
- Establece un sistema de "verificación" con estas personas, donde puedan ofrecer retroalimentación o simplemente escucharte.

4. Revisión y Reflexión Objetivo: Evalúa regularmente tu progreso y ajusta tu plan de gestión de la ira en consecuencia.

- Dedica un momento cada semana o mes para reflexionar sobre tus avances.

- Revisa tu "Registro de la Ira" y toma nota de cualquier mejora o áreas que requieran atención adicional.

5. Formación Continua Objetivo: Mantente actualizado sobre las últimas investigaciones y técnicas de gestión de la ira.
    - Participa en seminarios, lee libros o únete a grupos de apoyo dedicados a la gestión de la ira.
    - Comparte lo que aprendes con otros, contribuyendo a crear una comunidad de personas que gestionan la ira de manera saludable.

6. Celebra tus Éxitos Objetivo: Reconoce y celebra tus avances en el camino.
    - Cuando notes mejoras en cómo manejas la ira, tómate un momento para reconocerlo.
    - Date pequeñas recompensas, como un día de relajación o un tratamiento especial.

Conclusión: Recuerda, el camino hacia una vida sin ira es un viaje, no un destino. Habrá altibajos, pero con compromiso, conciencia y las estrategias adecuadas, puedes construir una vida caracterizada por la paz interior, relaciones saludables y autorrealización. Sigue avanzando con determinación y compasión hacia ti mismo.

Conclusión La ira es una emoción universal, una reacción humana natural a amenazas, frustraciones o injusticias. Pero, como hemos explorado a lo largo de este libro, la clave no es reprimir o negar esta emoción, sino comprender, aceptar y gestionar la ira de manera constructiva. La gestión de la ira no se trata solo de evitar conflictos o mantener la paz. Va mucho más allá. Se trata de vivir una vida más auténtica, consciente y satisfactoria. Cuando aprendemos a gestionar la ira, nos brindamos la oportunidad de responder a los desafíos de la vida no con reactividad impulsiva, sino con conciencia y intencionalidad. De esta manera, podemos tomar decisiones más sabias, construir relaciones más sólidas y vivir con un sentido de paz interior.

El camino hacia una gestión efectiva de la ira no siempre es fácil. Habrá momentos en los que te sientas abrumado, frustrado o desanimado. Pero, como hemos visto, con las estrategias adecuadas, los recursos y el apoyo, podemos transformar nuestra ira de un enemigo a un aliado, de una sombra que oscurece nuestra vida a una luz que ilumina nuestro camino hacia una mayor auto comprensión y crecimiento personal.

En conclusión, quiero animar a cada lector a continuar en su propio viaje de exploración y gestión de la ira. Ya sea que estés empezando o que ya estés bien encaminado en este camino, ten en cuenta que cada paso, incluso el más pequeño, te acerca a una versión más pacífica, equilibrada y armoniosa de ti mismo. Recuerda que el bienestar emocional no es un destino, sino un viaje. Y mientras te aventuras en este viaje, sé amable contigo mismo, reconoce tus progresos y celebra cada éxito en el camino.

Tu capacidad para gestionar la ira es un regalo no solo para ti, sino también para las personas que te rodean, para tus relaciones y para el mundo en general. Sigue nutriendo y cultivando esta capacidad, y verás cómo puede transformar tu vida de maneras que nunca habrías imaginado.

Gracias por compartir este viaje de aprendizaje y crecimiento. Te deseo todo el éxito en tu continuo viaje hacia el bienestar emocional.

Apéndice: Recursos Adicionales Para obtener más información y herramientas relacionadas con la gestión de la ira, consulta la siguiente lista de recursos, libros, cursos y referencias:

Libros:

- "La Danza de la Ira" de Harriet Lerner - Un análisis profundo sobre la ira en las mujeres y cómo transformarla en una fuerza positiva.

- "El Arte de Dominar la Ira" de Thich Nhat Hanh - Una interpretación budista sobre la gestión de la ira a través de la atención plena y la meditación.
- "Ira: Cómo Controlar la Emoción Más Destructiva" de Ronald Potter-Efron - Explora las raíces de la ira y ofrece técnicas prácticas para gestionarla.

Cursos en línea:

- "Gestión de la Ira 101" - Un curso introductorio que proporciona una visión completa de las causas, efectos y técnicas de gestión de la ira.
- "Mindfulness y Ira" - Un curso que combina prácticas de mindfulness y técnicas de gestión de la ira.

Organizaciones y Grupos de Apoyo:

- Asociación Italiana para la Gestión de la Rabbia (AIGR) - Una organización que ofrece recursos, formación y apoyo para individuos y profesionales.
- Grupos de Apoyo para la Gestión de la Ira - Grupos locales que ofrecen reuniones y sesiones para compartir experiencias y estrategias sobre la gestión de la ira.

Referencias Científicas y Artículos:

- Journal of Anger and Aggression - Una revista académica dedicada a la investigación sobre la ira y la agresión.
- Ira y Neurociencia - Un artículo que explora los aspectos neurológicos y biológicos de la ira.

Aplicaciones y Herramientas Digitales:

- Calm - Una aplicación para la meditación y la relajación, con sesiones específicas sobre la gestión de las emociones.
- Mood Tracker - Una aplicación que ayuda a realizar un seguimiento y comprender las propias emociones diarias, incluida la ira.

Recuerda que la clave es encontrar lo que funciona mejor para ti. No todas las herramientas o recursos serán adecuados para todos, así que tómate el tiempo para explorar y descubrir lo que resuena más contigo. Tu compromiso con la comprensión y la gestión de tu ira es una inversión valiosa en tu bienestar y en el de las personas que te rodean. ¡Buena suerte en tu viaje!

Conclusión: Un Viaje hacia la Comprensión y la Gestión Continua de la Ira Has emprendido un viaje profundo y completo a través de la comprensión de la ira, sus orígenes, manifestaciones y, sobre todo, las estrategias para gestionarla y transformarla en una fuerza constructiva en lugar de destructiva. La ira, como has visto, no es necesariamente una emoción para evitar o reprimir, sino para comprender, aceptar y canalizar de manera constructiva.

Resumen de los puntos clave:

1. Definición y comprensión de la ira: La ira es una reacción natural a ciertas situaciones, vinculada a nuestros mecanismos biológicos y psicológicos.

2. Gestión de la ira: Importante para nuestra salud mental y física.

3. Reconocimiento de señales: La conciencia de las señales físicas y emocionales puede ayudar a prevenir estallidos de ira.

4. Orígenes y tipos de ira: Comprender las causas y las diferentes manifestaciones de la ira nos ayuda a gestionarla mejor.

5. Herramientas y estrategias: Desde la atención plena hasta la terapia, existen muchas estrategias efectivas para gestionar la ira.

Recursos adicionales para explorar: Para continuar tu camino de crecimiento y comprensión de la ira, te recomiendo visitar los siguientes sitios web y guías:

- Anger Management Institute (www.angermanagementinstitute.com): Un recurso completo para cursos, capacitación e información sobre la gestión de la ira.
- Mindful.org (www.mindful.org): Ofrece artículos y guías sobre mindfulness, que puede ser una herramienta valiosa en la gestión de emociones fuertes como la ira.
- Asociación Italiana para la Gestión de la Rabbia (AIGR) (www.aigr.org): Un recurso específico para italianos, con artículos, investigaciones y cursos sobre el tema.

Si sientes que tu ira está afectando negativamente tu vida o tus relaciones, considera la posibilidad de consultar a un profesional. Los terapeutas y consejeros pueden ofrecer herramientas, recursos y apoyo personalizados para ayudarte.

En última instancia, tu compromiso con la gestión de la ira puede llevarte a una vida más pacífica, más feliz y más en sintonía contigo mismo y con los demás. Tu disposición para enfrentar y trabajar con tu ira es un signo de fortaleza y sabiduría. Continúa tu camino y encuentra paz y claridad en tus reacciones emocionales. ¡Buena suerte en tu viaje hacia una comprensión más profunda y una gestión efectiva de tu ira!

Capítulo 23: La Ira y el Género

La ira es una emoción compleja que puede manifestarse de manera diferente entre hombres y mujeres. Esta diferencia en la manifestación y el manejo de la ira a menudo está influenciada por una combinación de factores biológicos, sociales y culturales. Examinemos las diferencias en la ira entre los géneros y lo que dice la investigación al respecto.

Diferencias en la manifestación de la ira entre hombres y mujeres:

1. Expresión social: Las normas sociales a menudo influyen en cómo los hombres y las mujeres expresan su ira. Por ejemplo, a los hombres a veces se les permite o incluso se les anima a mostrar su ira abiertamente, mientras que a las mujeres se les puede sugerir que repriman esta emoción o que la expresen de manera más indirecta.

2. Ira externa vs. ira interna: Los hombres pueden mostrar su ira de manera más externa a través de comportamientos como la agresión física o verbal, mientras que las

mujeres pueden manifestar su ira de manera más interna, a través de sentimientos de frustración o tristeza.

3. Socialización: La socialización de género desde la infancia temprana puede influir en cómo los hombres y las mujeres manejan la ira. A los hombres a veces se les anima a ser fuertes y dominantes, mientras que a las mujeres se les puede enseñar a ser más empáticas y pacientes.
Estudios e investigaciones sobre la correlación entre la ira y la identidad de género:

1. Ira y estereotipos de género: La investigación ha demostrado que los estereotipos de género pueden influir en cómo las personas perciben y reaccionan ante la ira. Por ejemplo, una mujer que expresa ira puede ser vista como "histérica" o "fuera de control", mientras que un hombre que exprese la misma emoción puede ser visto como asertivo.

2. Ira reprimida: Algunas investigaciones sugieren que las mujeres pueden tener más probabilidades de reprimir su ira, lo que

podría llevar a problemas de salud emocional. Esta represión puede deberse al temor de ser juzgadas o de romper normas sociales.

3. Diferencias biológicas: Algunos estudios han sugerido que puede haber diferencias en las respuestas biológicas a la ira entre hombres y mujeres, como las respuestas hormonales. Sin embargo, estas diferencias no explican completamente las diferencias en el manejo de la ira.

En conclusión, la ira es una emoción compleja que puede manifestarse de manera diferente entre hombres y mujeres, en parte debido a las normas sociales y las expectativas de género. Comprender estas diferencias puede ser importante para promover un manejo saludable de la ira y desafiar los estereotipos de género.

Capítulo 23: La Ira y el Género

El género desempeña un papel importante en nuestra sociedad y afecta la forma en que las personas experimentan y expresan emociones, incluida la ira. Existen percepciones culturales y sociales arraigadas que retratan a los hombres como más agresivos y a las mujeres como más emotivas. Pero, ¿resisten estas generalizaciones un análisis científico? Vamos a explorar las diferencias entre los géneros en la manifestación y el manejo de la ira, y lo que dicen los estudios recientes al respecto.

Diferencias en la manifestación de la ira entre hombres y mujeres:

1. Hombres: Tradicionalmente, en la mayoría de las culturas, a los hombres se les ha enseñado a reprimir sus emociones, excepto la ira, que a menudo se percibe como una emoción socialmente aceptable para ellos. Los hombres pueden manifestar la ira de manera más directa, como agresión física o verbal. Además, es posible que tengan menos probabilidad de hablar sobre sus sentimientos o buscar soluciones alternativas cuando están enojados.

2. Mujeres: Por otro lado, a menudo se alienta a las mujeres a expresar sus emociones, pero al mismo tiempo, pueden sentirse desalentadas de mostrar ira

debido a las percepciones sociales que etiquetan la ira femenina como "histérica" o "irracional". Como resultado, las mujeres pueden manifestar la ira de manera más indirecta, como la contención emocional o el retiro, o pueden expresarla como tristeza o frustración en lugar de ira pura. Estudios e investigaciones sobre la correlación entre la ira y la identidad de género:

1. Ira y estereotipos de género: La investigación ha demostrado que los estereotipos de género pueden influir en cómo las personas perciben y reaccionan ante la ira. Por ejemplo, una mujer que expresa ira puede ser vista como "histérica" o "fuera de control", mientras que un hombre que exprese la misma emoción puede ser visto como asertivo.

2. Ira reprimida: Algunas investigaciones sugieren que las mujeres pueden tener más probabilidades de reprimir su ira, lo que podría llevar a problemas de salud emocional. Esta represión puede deberse al

temor de ser juzgadas o de romper normas sociales.

3. Diferencias biológicas: Algunos estudios han sugerido que puede haber diferencias en las respuestas biológicas a la ira entre hombres y mujeres, como las respuestas hormonales. Sin embargo, estas diferencias no explican completamente las diferencias en el manejo de la ira.

En conclusión, aunque las diferencias biológicas entre los géneros pueden tener cierto impacto en las emociones y el comportamiento, la cultura, la socialización y las expectativas de género desempeñan un papel predominante en la forma en que hombres, mujeres y personas no binarias experimentan y manejan la ira. Es esencial superar los estereotipos de género y comprender la ira como una emoción humana universal, influenciada por una variedad de factores internos y externos.

Capítulo 24: La Ira en el Entorno Digital
Con la expansión de las tecnologías digitales y la omnipresencia de las redes sociales, la ira ha encontrado nuevos canales de expresión. El mundo en línea, aunque ofrece innumerables oportunidades de conexión y comunicación, también ha presentado desafíos únicos en cuanto a la manifestación y el manejo de la ira. Este capítulo explorará cómo se manifiesta la ira en el entorno digital y proporcionará herramientas y técnicas para gestionarla de manera efectiva.

Cómo se manifiesta la ira en el mundo en línea:

- Discusiones en redes sociales: La naturaleza a menudo impersonal de las interacciones en línea puede hacer que las personas se sientan libres para expresar su ira de maneras que podrían no hacerlo en persona. Esto puede llevar a discusiones acaloradas en las que la ira se intensifica rápidamente y se vuelve incontrolable.

- Comentarios tóxicos y trolls: El fenómeno de los "trolls" en Internet implica a individuos que provocan deliberadamente a otros usuarios para obtener una reacción. A menudo, su motivación proviene del deseo de llamar la atención y causar conflictos.
- Ciberacoso: Esta forma de acoso en línea puede tener un impacto devastador en el bienestar mental y emocional de las víctimas. Los agresores a menudo utilizan la ira y la agresión como herramientas para intimidar y hostigar a otros en línea. Herramientas y técnicas para gestionar la ira en línea:
- Pausa antes de responder: Tomarse un momento para respirar y reflexionar antes de responder a un comentario o publicación molesta puede ayudar a prevenir la escalada de emociones.
- Limitar la exposición: Si ciertos temas, grupos o individuos tienden a provocar ira, puede ser útil limitar la exposición a estos desencadenantes.

- Uso de filtros y controles parentales: Estas herramientas pueden ayudar a filtrar contenido ofensivo o inapropiado, reduciendo las oportunidades de confrontación.
- Educación digital: Cursos y programas que enseñan a jóvenes y adultos cómo comportarse en línea, comprendiendo la importancia de la cortesía digital y la gestión de las emociones en el mundo virtual.
- Buscar apoyo: Grupos y foros en línea que ofrecen apoyo y consejos sobre cómo manejar la ira y la agresión en línea pueden ser recursos valiosos.

En conclusión, si bien el entorno digital ha facilitado la conexión con otros, también ha planteado nuevos desafíos en la gestión de la ira. Es fundamental contar con herramientas y estrategias para navegar en línea de manera saludable y respetuosa, evitando la escalada de conflictos y fomentando la comprensión.

Capítulo 25: La Ira y la Creatividad
A pesar de que la ira a menudo se percibe como una emoción destructiva, también puede convertirse en un poderoso catalizador para la creatividad. Muchos artistas, escritores y creadores han descubierto que la ira, cuando se canaliza de manera productiva, puede dar lugar a obras de arte profundas, provocadoras y revolucionarias. En este capítulo, exploraremos cómo la ira puede transformarse en expresión creativa y presentaremos testimonios de artistas que han utilizado esta poderosa emoción como fuente de inspiración.

Cómo canalizar la ira en formas de arte y expresión creativa:

- Escritura: La ira puede transformarse en palabras, poesía, cuentos o ensayos. Escribir permite explorar y procesar la emoción, convirtiéndola en una narrativa significativa.
- Artes visuales: La pintura, la escultura, la fotografía y otras formas de arte visual

pueden convertirse en medios para representar y procesar sentimientos de ira. El uso del color, la forma y la textura puede expresar intensidad y pasión.

- Música: Muchos músicos han utilizado la ira como punto de partida para crear canciones o composiciones poderosas. Géneros como el punk, el rock y el rap, en particular, a menudo abordan temas de ira y resistencia.
- Danza: El movimiento del cuerpo puede convertirse en un medio para expresar y liberar la ira. La danza permite canalizar la energía física, transformando la emoción en acción.

Testimonios de artistas que han utilizado la ira como fuente de inspiración:

- Frida Kahlo: A través de sus obras, Kahlo a menudo exploró temas de dolor, sufrimiento y ira, derivados de sus experiencias personales de trauma físico y emocional.
- The Clash: Esta banda de punk es conocida por sus canciones cargadas de ira que

abordan temas de injusticia social y política.

- Maya Angelou: En sus obras, Angelou abordó temas de ira, racismo y discriminación, utilizando su voz para explorar y condenar las injusticias.
- Ai Weiwei: Este artista y activista chino ha utilizado su arte como medio para expresar su ira contra la opresión y la censura del gobierno chino.

En resumen, aunque la ira puede ser una fuerza destructiva, cuando se dirige de manera creativa, también puede convertirse en una fuente de inspiración, resistencia y cambio. La capacidad de transformar la ira en arte es un poderoso medio de expresión y sanación.

Capítulo 26: La Ira y el Deporte

El deporte siempre ha sido una vía de escape, un medio para liberar emociones intensas y una fuente de disciplina para muchas personas. La naturaleza misma del deporte, que combina el esfuerzo físico con la estrategia mental, lo convierte en una actividad especialmente útil para aquellos que buscan manejar emociones intensas como la ira. En este capítulo, analizaremos cómo el deporte puede convertirse en una herramienta efectiva para el manejo de la ira y los beneficios que la actividad física puede aportar en la regulación de las emociones.

El uso del deporte como vía de escape y manejo de la ira:

- Expresión física: La ira a menudo se manifiesta a través de una energía física acumulada. El deporte, con sus movimientos y esfuerzos físicos, ofrece una oportunidad para liberar esta energía en un entorno controlado y estructurado.

- Focalización y disciplina: Muchas disciplinas deportivas requieren un alto nivel de concentración. Esta focalización puede ayudar a desviar la atención de los desencadenantes de la ira y canalizarla hacia un objetivo deportivo.

- Aprender a perder: El deporte enseña que perder es parte del juego. Esta lección puede ayudar a desarrollar una mayor resiliencia y una mejor gestión de las frustraciones, que a menudo subyacen en la ira.

Beneficios de la actividad física en la regulación de las emociones:

- Liberación de endorfinas: La actividad física estimula al cuerpo a producir endorfinas, también conocidas como "hormonas de la felicidad". Estas sustancias químicas naturales actúan como analgésicos y mejoran el estado de ánimo, ayudando a neutralizar los sentimientos de ira.

- Reducción del estrés: El ejercicio físico es conocido por reducir los niveles de estrés, una de las principales causas de la ira. El deporte ayuda a aliviar la tensión muscular y promover una sensación de bienestar.

- Mejora de la autoestima: La práctica deportiva puede fortalecer la confianza en uno mismo y la autoestima, reduciendo los sentimientos de vulnerabilidad que pueden desencadenar la ira.

- Desarrollo de habilidades sociales: Los deportes en equipo, en particular, ofrecen la oportunidad de interactuar con otros, aprender a trabajar juntos y manejar conflictos de manera constructiva.

En conclusión, el deporte representa una herramienta poderosa para aquellos que buscan manejar y transformar su ira. La combinación de esfuerzo físico, disciplina mental e interacción social convierte al deporte en un valioso aliado en el manejo de emociones intensas.

Capítulo 27: La Ira y Otras Emociones

La ira, a menudo, es como la punta de un iceberg: lo que vemos en la superficie representa solo una pequeña parte de lo que se encuentra debajo del agua. En muchas ocasiones, esta poderosa emoción puede ocultar o estar estrechamente relacionada con otras emociones. Comprender y reconocer estas conexiones puede ofrecer una clave fundamental para manejar la ira de manera efectiva. En este capítulo, exploraremos la relación entre la ira y otras emociones y proporcionaremos técnicas para investigar las emociones subyacentes.

Cómo la ira puede ocultar o estar relacionada con otras emociones:

- Ira y tristeza: No es raro que la ira oculte una profunda tristeza o decepción. Por ejemplo, una persona podría expresar ira después de una ruptura sentimental, pero en el fondo de esa ira podría haber un profundo sentimiento de pérdida o duelo.
- Ira y miedo: La ira puede ser una respuesta defensiva a situaciones de peligro o amenaza. En este contexto, la ira actúa como una armadura, protegiendo al individuo de la vulnerabilidad del miedo.
- Ira y ansiedad: La ansiedad, con sus preocupaciones constantes, puede llevar a sentimientos de frustración e impotencia, que a su vez pueden desencadenar la ira. Técnicas para desactivar la ira investigando las emociones subyacentes:
- Introspección: Tomarse un momento para reflexionar internamente y preguntarse: "¿Qué siento realmente? ¿Mi ira está ocultando otra emoción?"
- Técnicas de conciencia plena: La práctica de la atención plena puede ayudar a

reconocer y separar la ira de las emociones subyacentes, permitiendo abordar cada emoción de manera individual.

- Comunicación asertiva: Expresar los propios sentimientos de manera clara y no agresiva puede ayudar a aclarar las causas de la ira y abordarlas de manera más productiva.
- Terapia y asesoramiento: Un terapeuta puede ayudar a explorar las emociones subyacentes a la ira y proporcionar herramientas para manejarlas.

En conclusión, reconocer que la ira puede estar relacionada u ocultar otras emociones es fundamental para un manejo eficaz. Trabajar para comprender y enfrentar estas emociones subyacentes puede conducir a una mayor paz y equilibrio emocional.

Conclusión de la Sección:

A través de estos últimos capítulos, hemos explorado facetas adicionales y dimensiones de la ira. Desde su relación con la cultura y la neurobiología, hasta sus manifestaciones en la era digital, pasando por su vínculo con la creatividad, el deporte y otras emociones, queda claro que la ira es una emoción compleja, arraigada profundamente en nuestras experiencias e influenciada por una multiplicidad de factores. La clave para una gestión eficaz de la ira no radica en suprimirla o ignorarla, sino en aceptarla, comprenderla y utilizar herramientas y técnicas apropiadas para canalizarla de manera constructiva.

Conclusión del Libro:

Mientras llegamos al final de este recorrido, reflexionemos sobre un concepto fundamental: la ira, al igual que todas las emociones, es parte de la condición humana. No es ni buena ni mala en sí misma; lo que importa es cómo elegimos responder a ella. Todo lo que

hemos discutido y aprendido en este libro nos proporciona las bases para abordar la ira de manera consciente y constructiva. Si hay algo que debamos recordar, es que el camino hacia una gestión eficaz de la ira es un proceso continuo de aprendizaje, introspección y crecimiento personal.
Recursos Adicionales:
Para aquellos que deseen profundizar aún más en el tema, les recomendamos consultar los siguientes sitios web y guías:

1. Asociación Italiana de Psicología
2. Centro de Mindfulness y Terapia Cognitiva
3. Red de Apoyo para la Gestión de la Ira
   Además, en muchas ciudades se ofrecen numerosos cursos, seminarios y talleres que brindan formación práctica y apoyo en la gestión de la ira.

Gracias por emprender este viaje con nosotros. Que puedas encontrar la paz interior y las respuestas que buscas en tu camino hacia la comprensión y gestión de la ira.